WORLD TEXTILE COLLECTIONS 5

SPORTS MIX

Kyoto Shoin

First published in Japan 1992 by KYOTO SHOIN INTERNATIONAL Co., Ltd.
Sanjo agaru, Horikawa, Nakagyo-ku, Kyoto, Japan. TEL[075]841-9123

© Copyright 1992. KYOTO SHOIN INTERNATIONAL CO., LTD.

ISBN4-7636-8101-X

Printed and bound in Kyoto by SHASHIN KAGAKU Co., Ltd.

SPORTS MIX

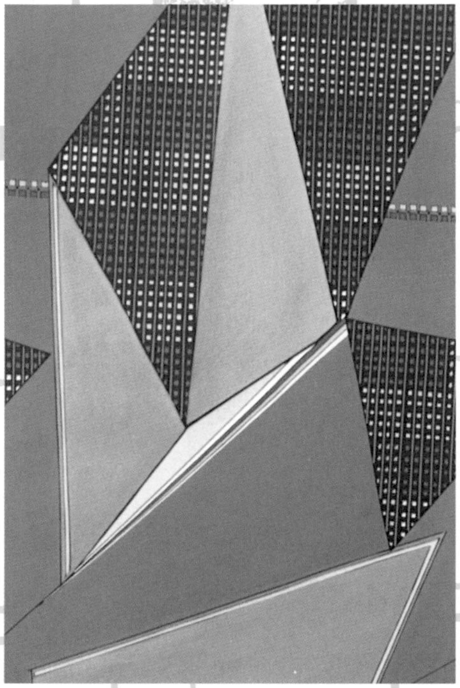

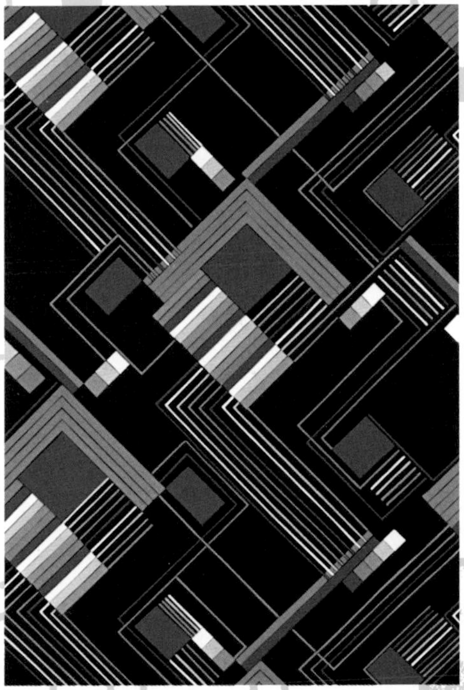

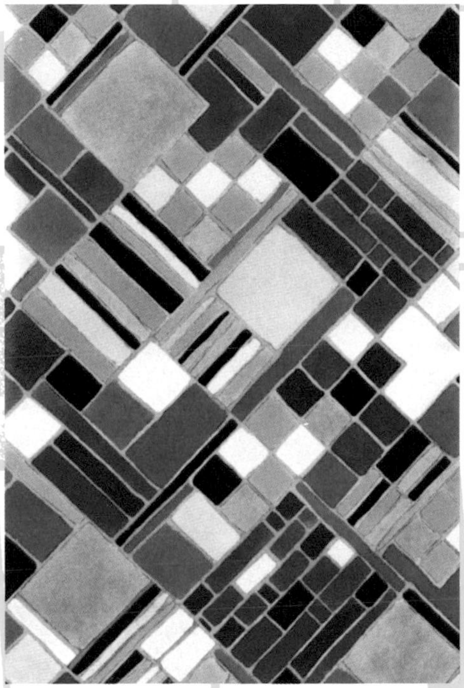

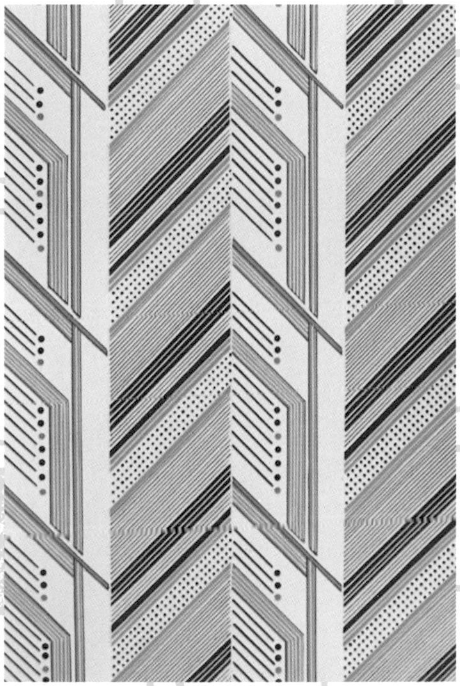

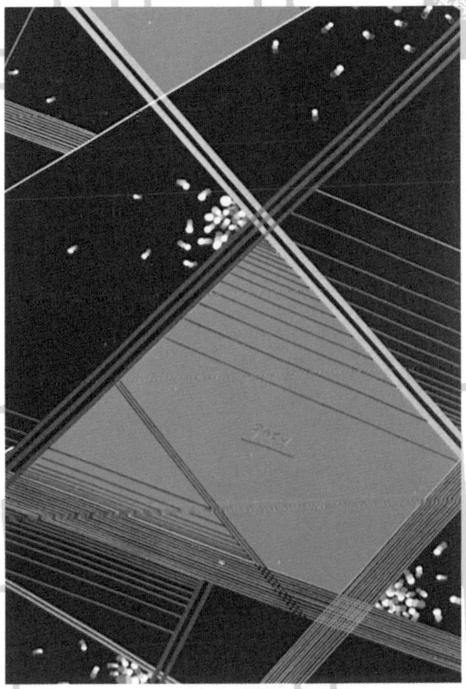

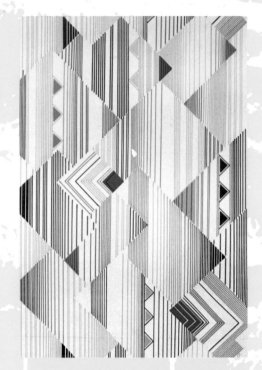

14

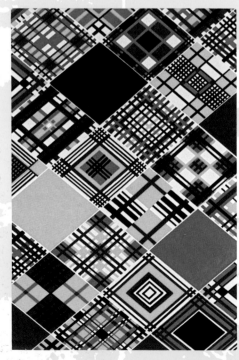

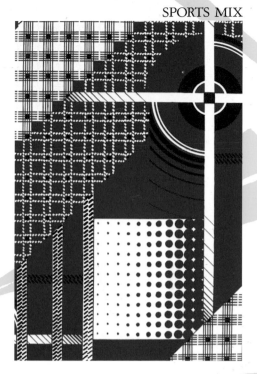

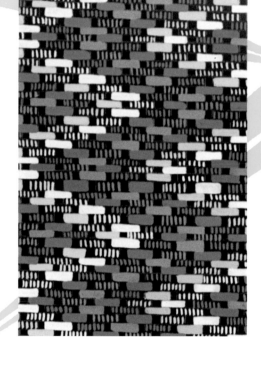

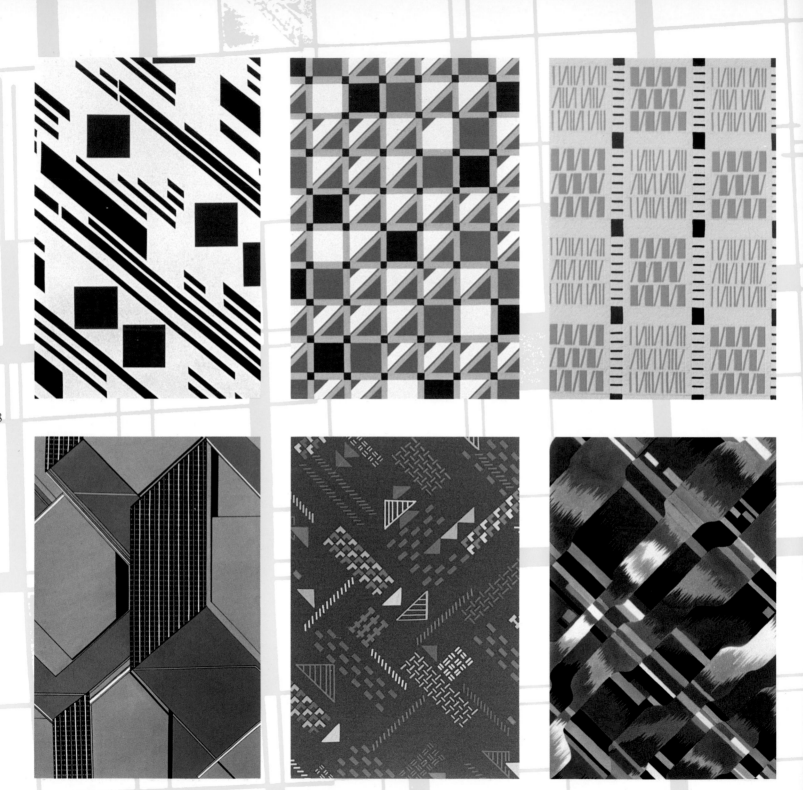

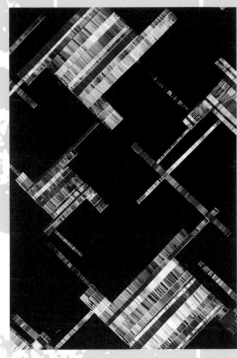

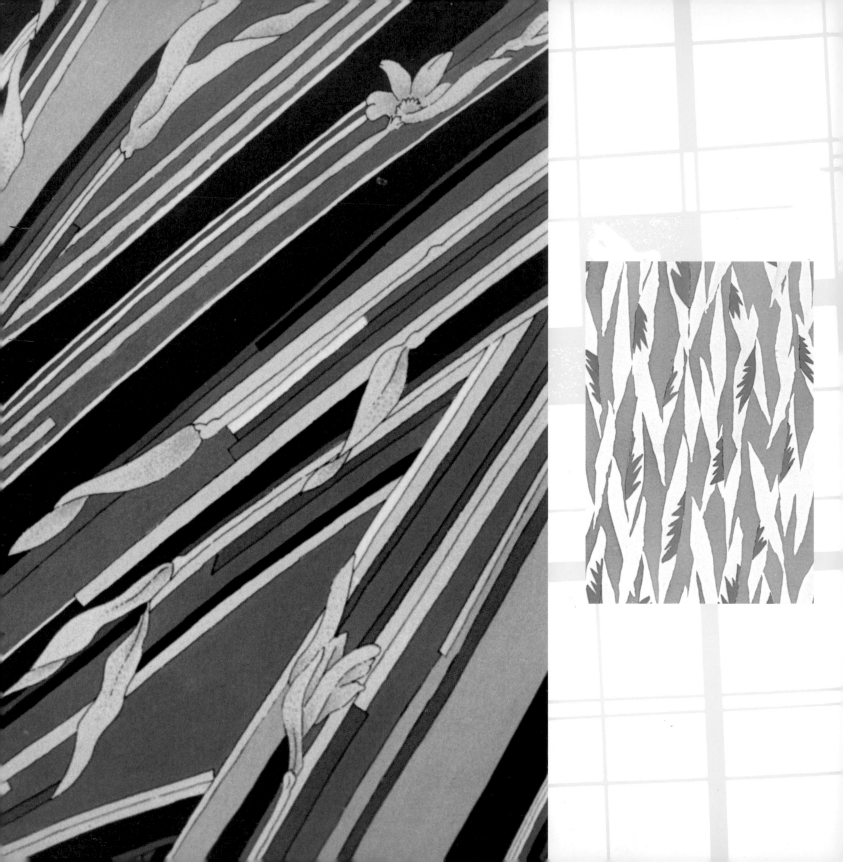

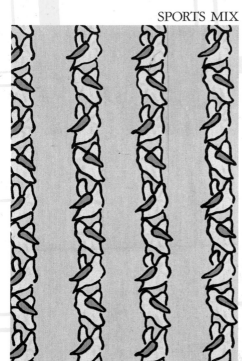

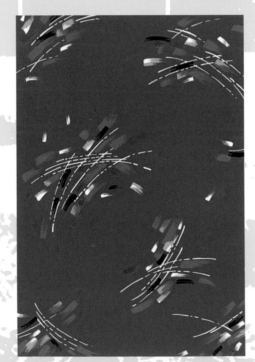

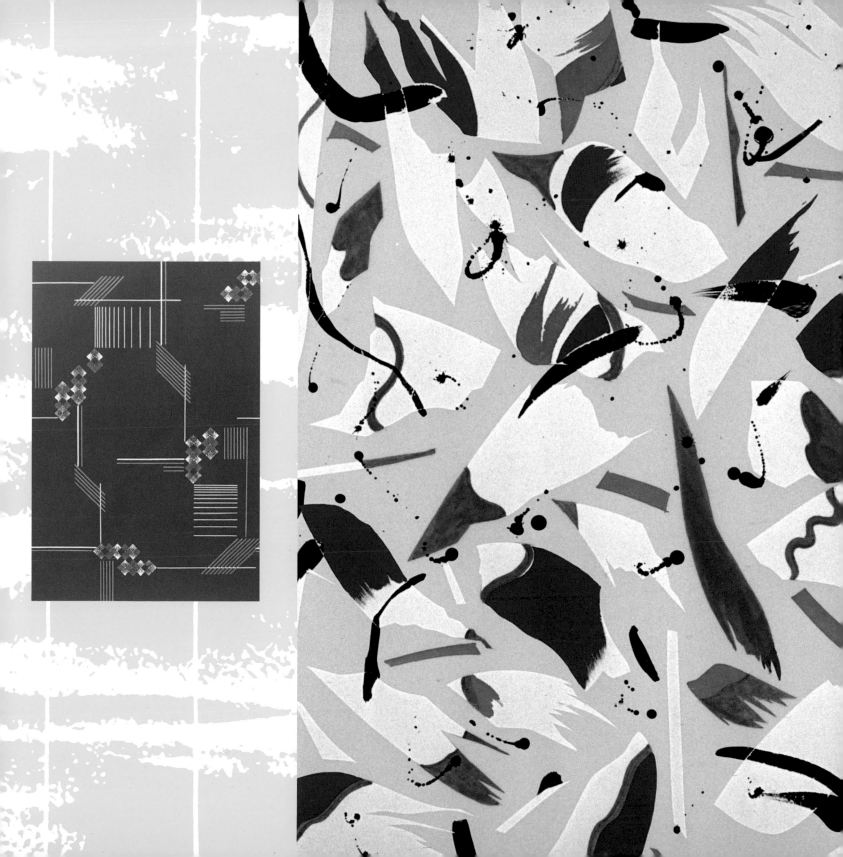

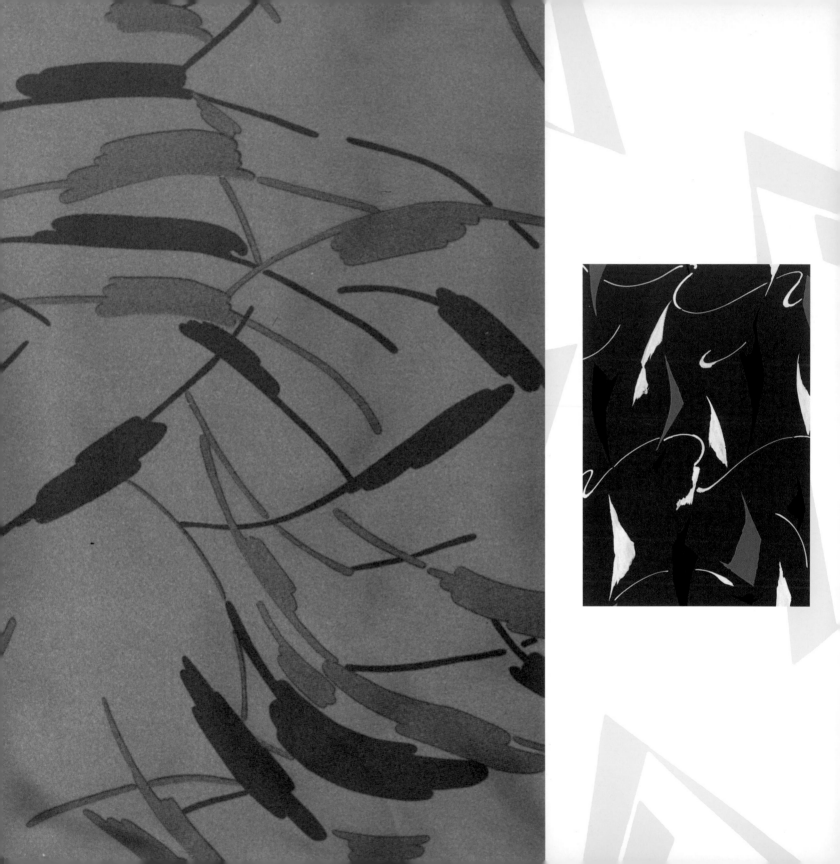

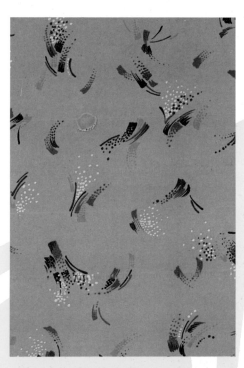

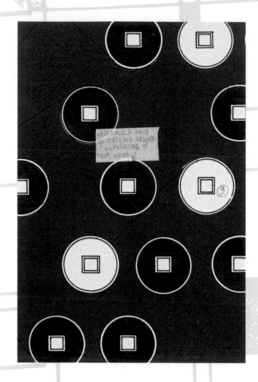

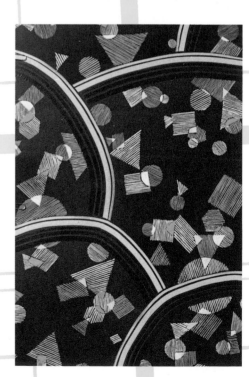

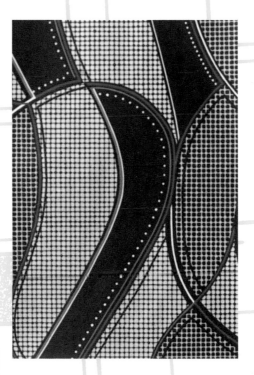

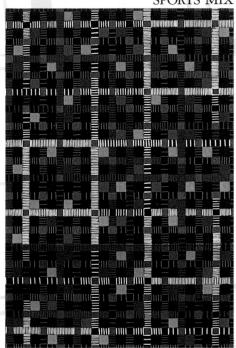

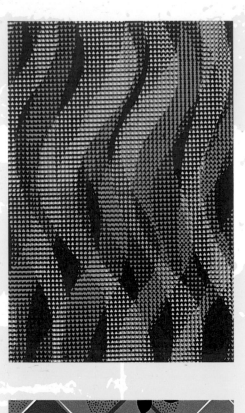
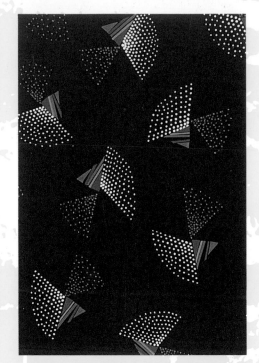

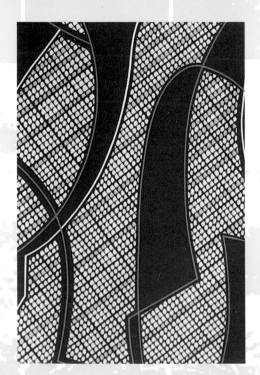
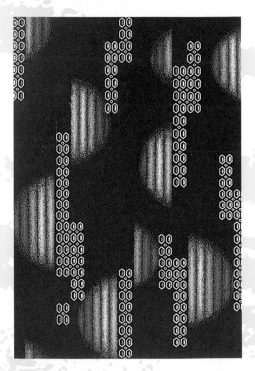

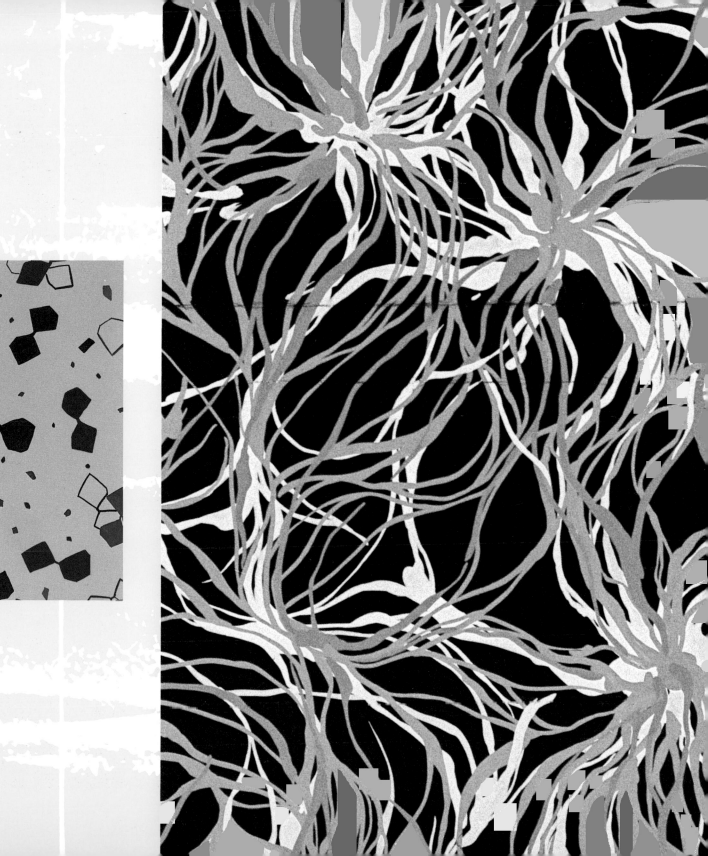

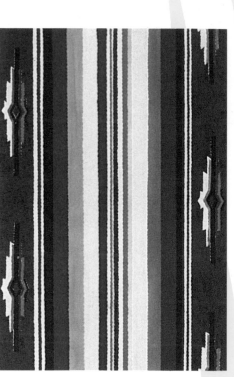

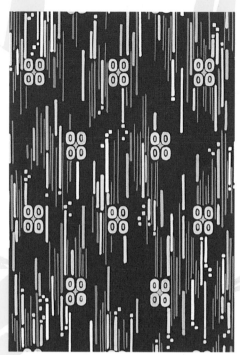

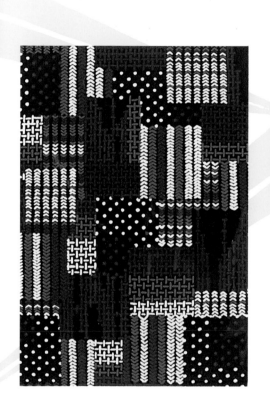

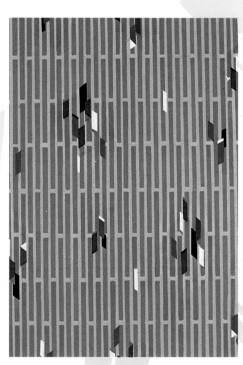

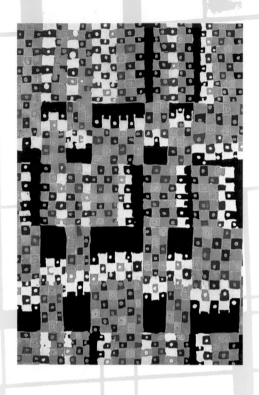

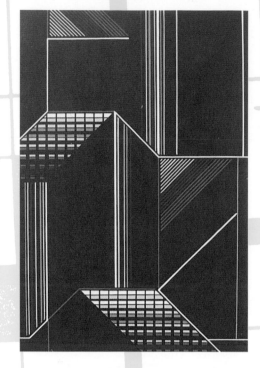

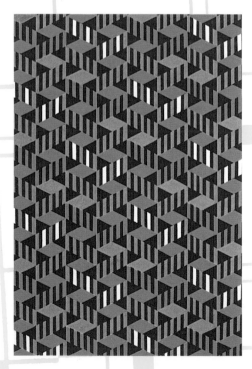

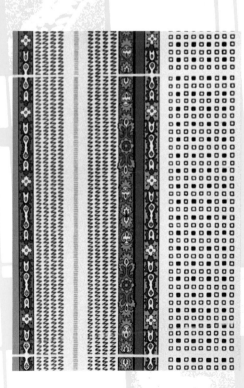

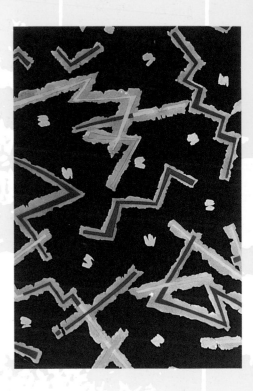
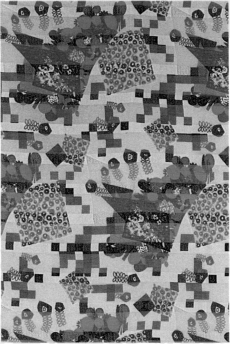

44

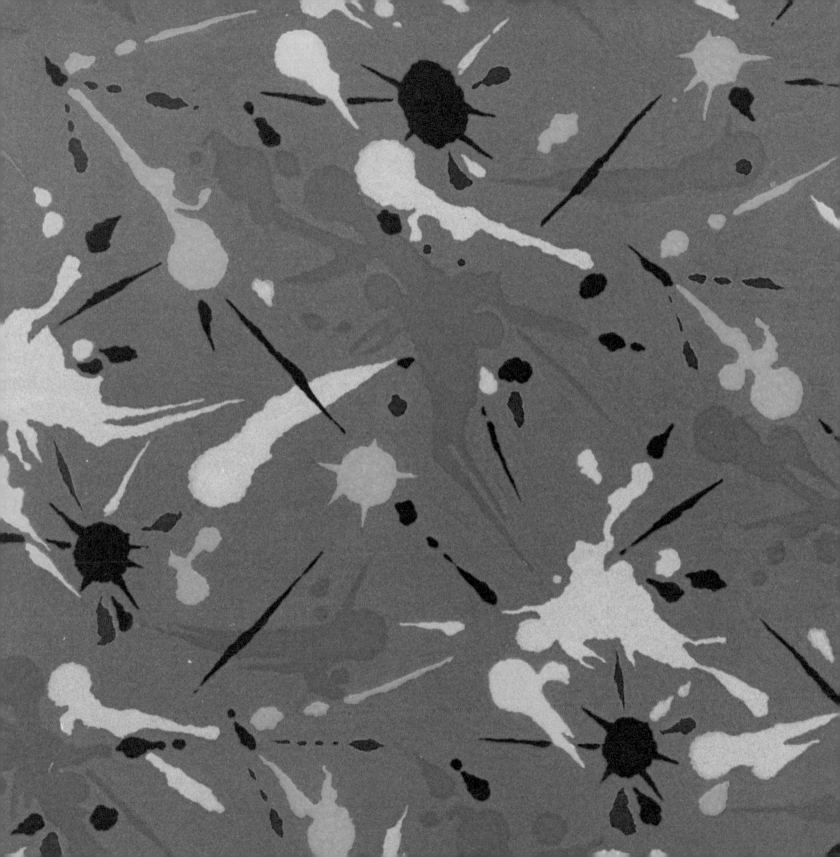

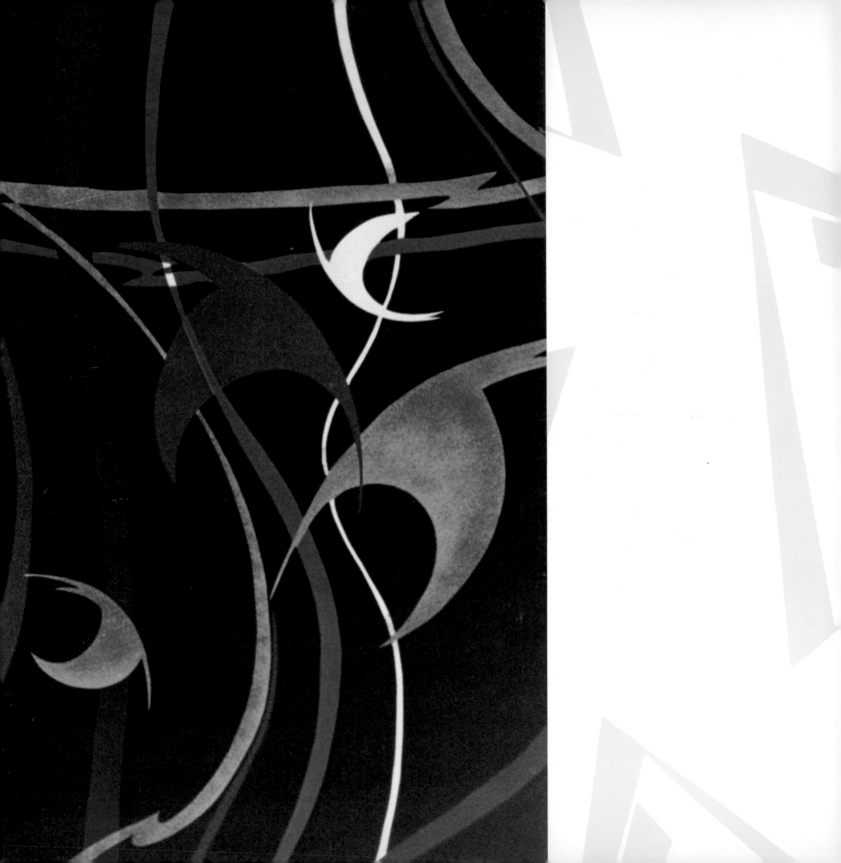

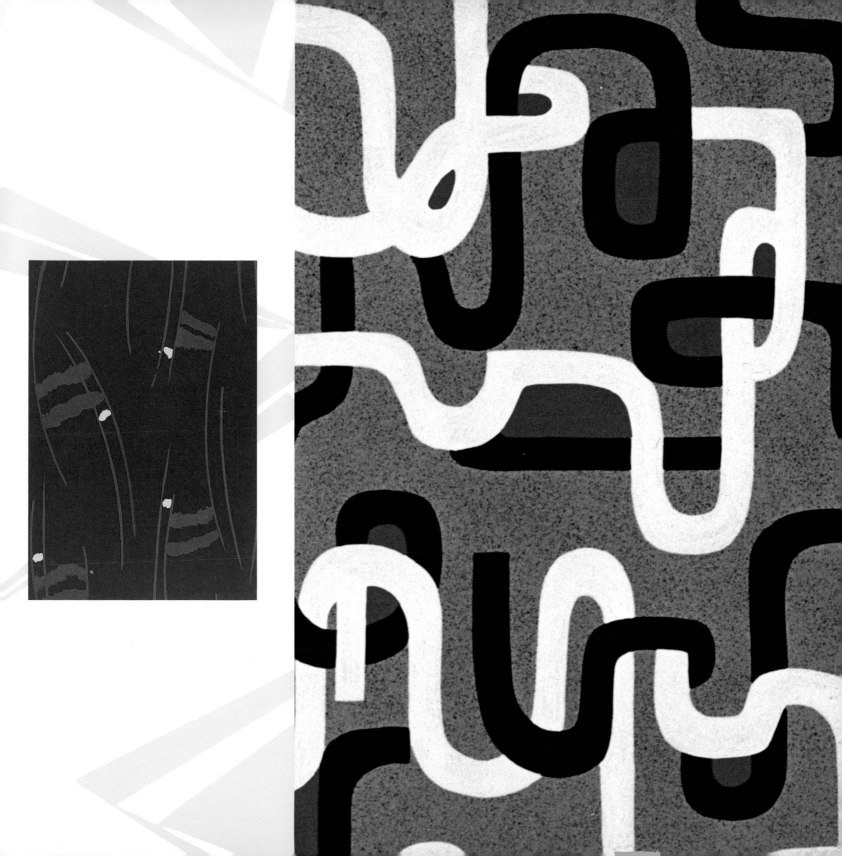

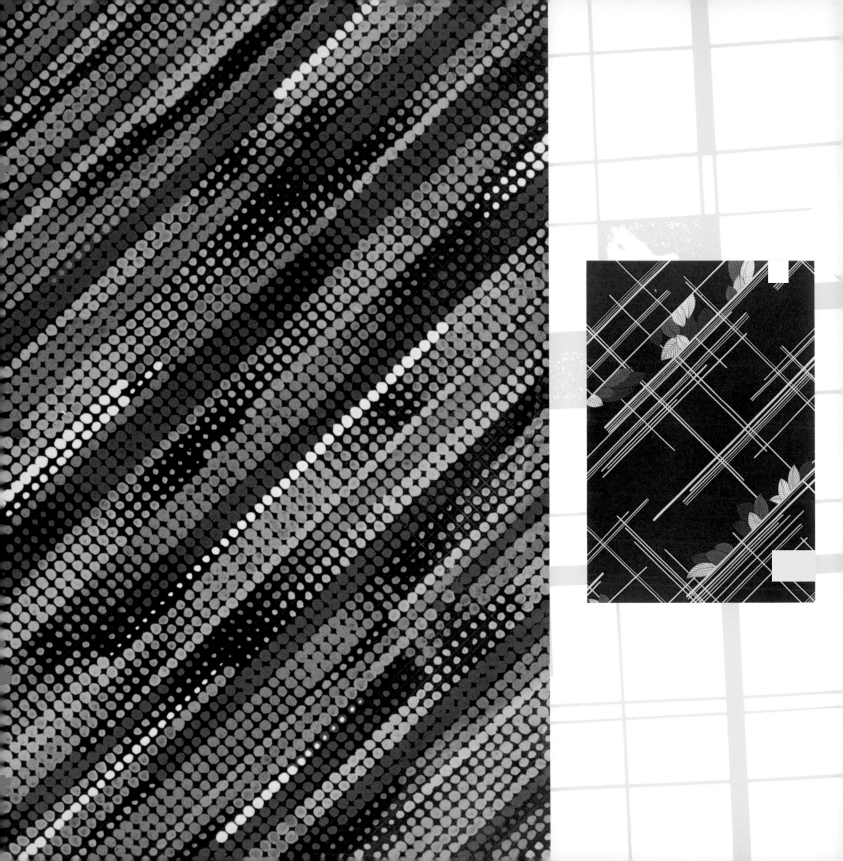

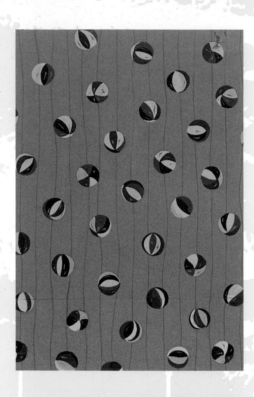
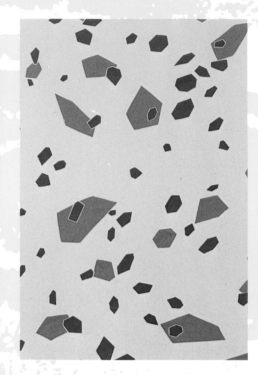

50

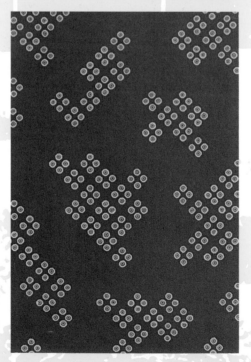

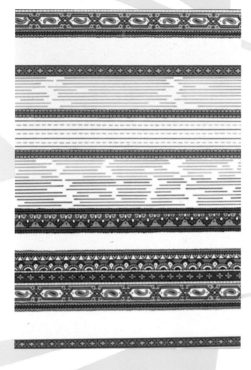

53

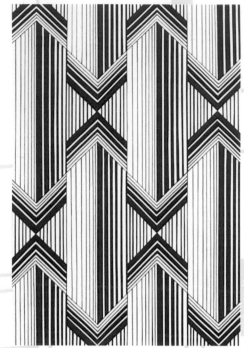

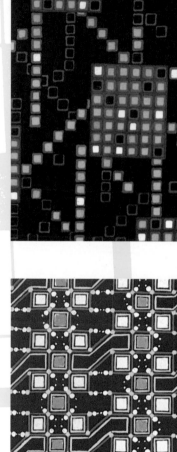

54

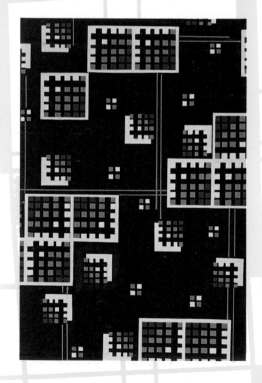

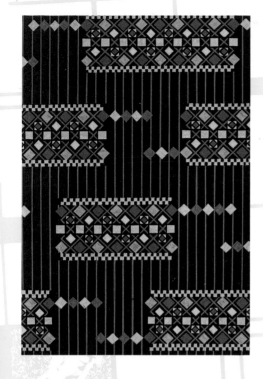

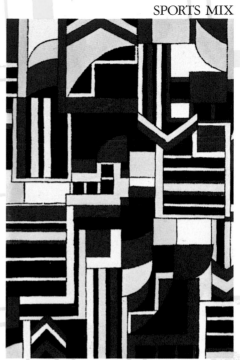

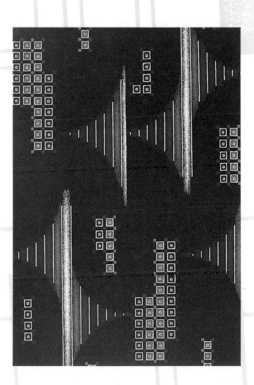

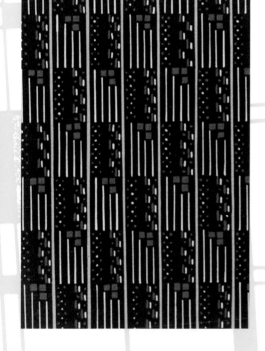

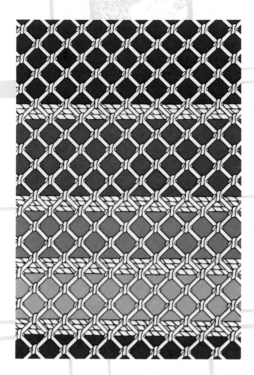

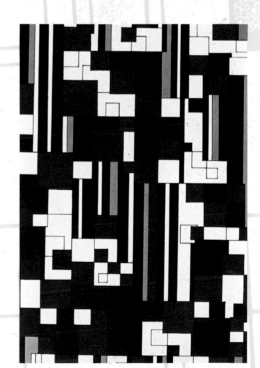

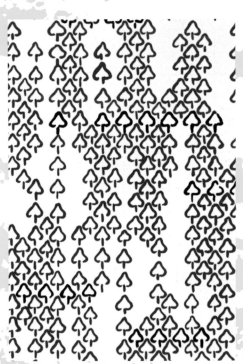

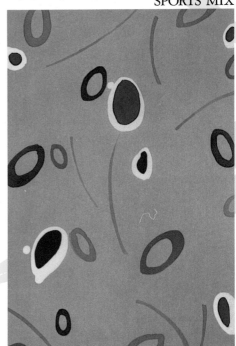

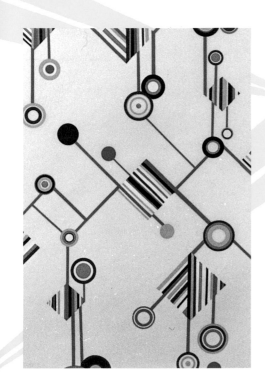

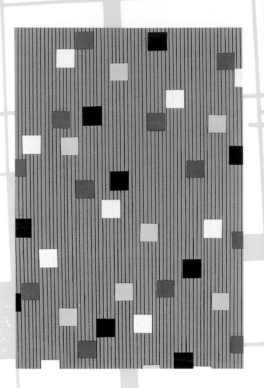

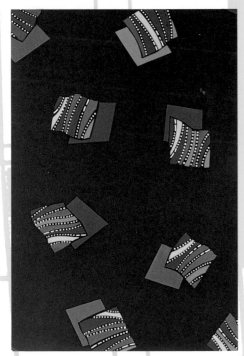

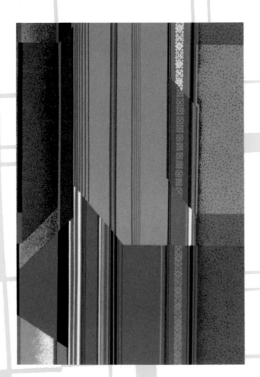

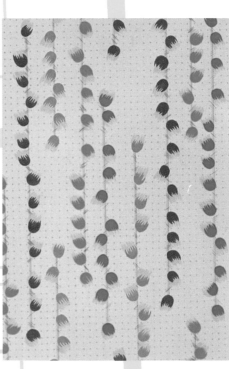

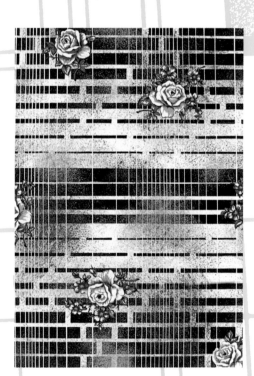

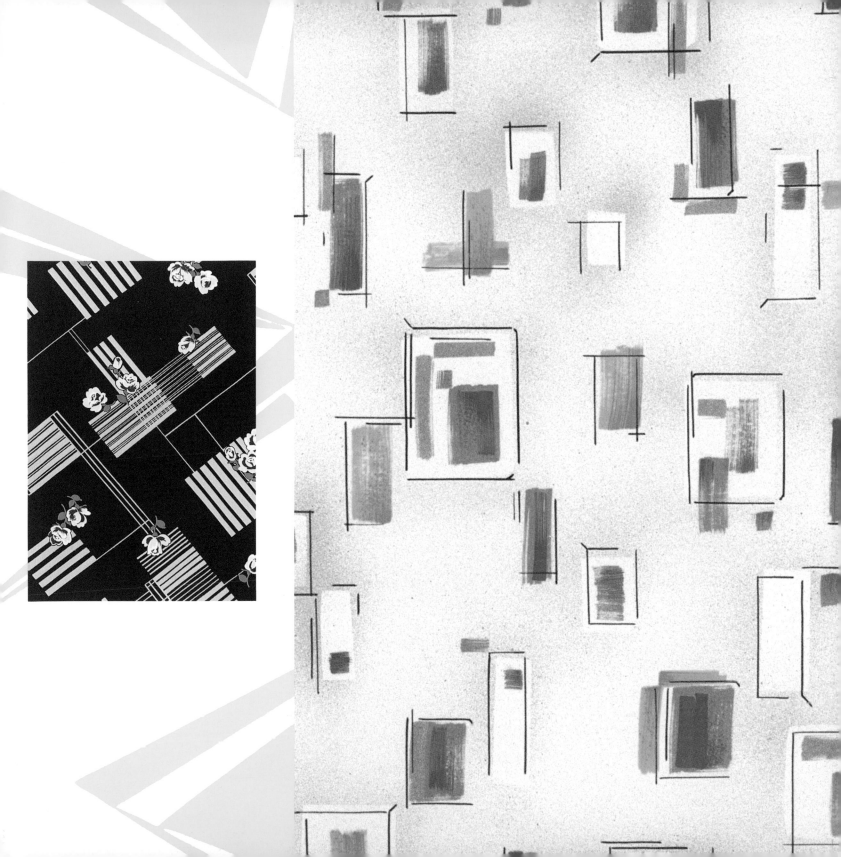

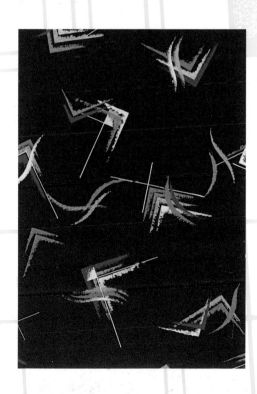

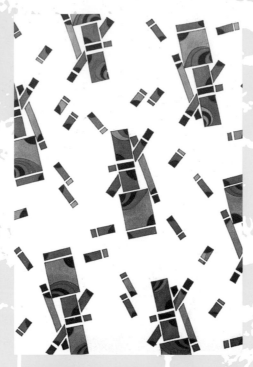

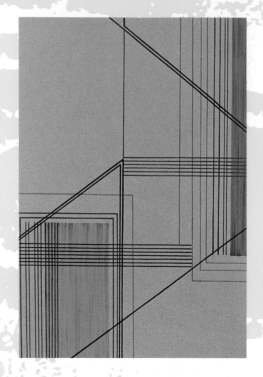

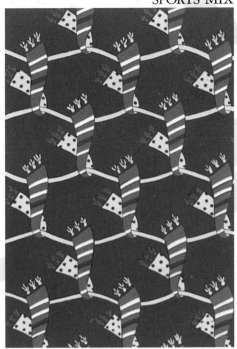

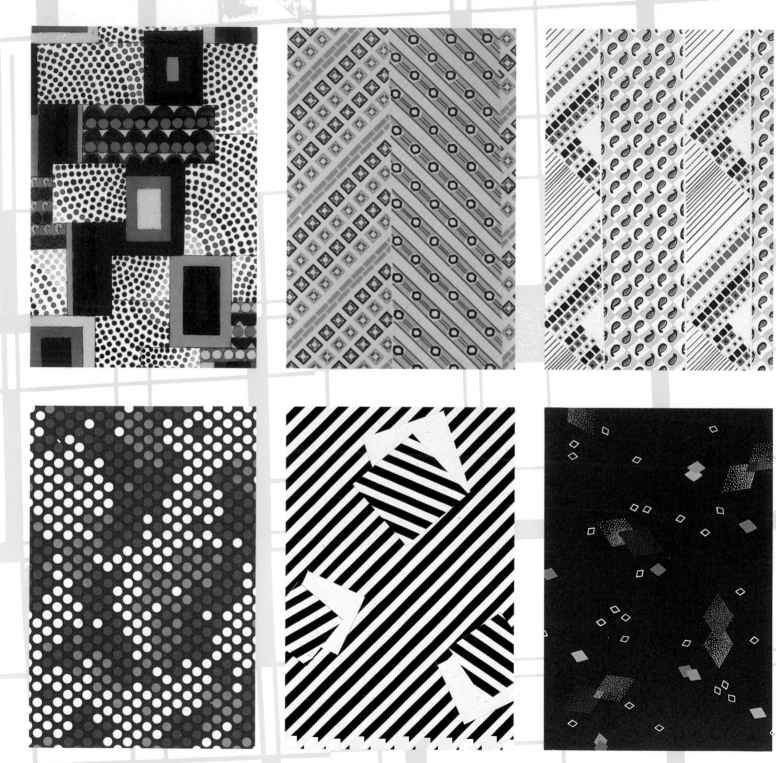

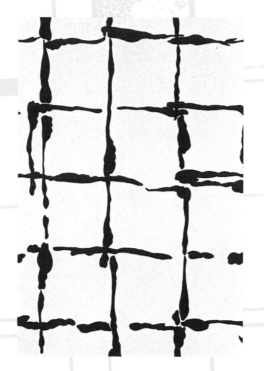

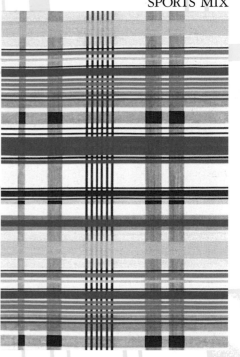

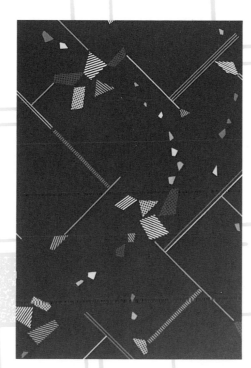

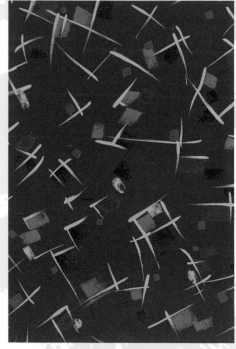

ワールド・テキスタイル・コレクションズ　5

スポーツミックス

1992年5月31日　初版第1刷発行

発 行 者　●　藤岡　護
発 行 所　●　株式会社京都書院
　　　　　　　本社／〒604 京都市中京区堀川通三条上ル
　　　　　　　　　　Tel.(075)841-9123　Fax.(075)841-9127
　　　　　　　営業／Tel (075)344-0053　Fax.(075)344-0099
印刷製本　●　株式会社写真化学

Printed in JAPAN

WORLD TEXTILE COLLECTIONS

1.**BASIC FLOWER**　フェミニン、モダン感覚を中心にしたベイシックな花柄

2.**EUROPEAN STUDIO PART 1**　1900年代のヨーロッパのデザインスタジオの作品を集約

3.**ETHNICAL ASIA**　エスニックな感覚の東南アジアを中心にしたバティックカラー

4.**TROPICAL FLOWER**　エキゾチックなトロピカル風の花のイメージ

5.**SPORTS MIX**　幾何柄をベースに躍動感あふれるパターン集

6.**ABSTRACT PATTERN**　抽象的なトレンドパターンをテーマにした1992年へ向けてのパターン集

7.**ANTIQUE FLOWER**　ロココ時代から1800年代へかけてのクラシックイメージ

8.**PAISLEY & SARASA**　更紗が持つ重厚なイメージを現代風にアレンジ

9.**ETHNICAL U.S.A**　1950年代のアメリカをイメージした、メキシカンタイプからタバタイプのパターン集

10.**TROPICAL CASUAL**　トロピカルの原点からカジュアルパターンをとらえ、カジュアルへの方向性を表現

11.**CASUAL GEOMETRIC**　スタンダードカジュアルを幾何パターンで表現

12.**EUROPEAN STUDIO PART 2**　PART1に続くヨーロッパデザインパターン集

ACTIVE DESIGN　for Print Design Planning

第一線活躍の経験豊かなクリエーターが、数多くのデザイン群の中から特にすぐれたものを厳選、編集した本書は、極めて実用価値の高い内容を有したプリントデザイン集である。構成されているデザインは、すべてオリジナルデザインばかりで、作者たちが長い経験と実績にもとづいて描きあげた作品である。図版1,173点、フルカラー。
30.3×23.6　648p　定価45,000円（税込）

THE BEST IN INTERNATIONAL TEXILE DESIGN SERIES

EUROPEAN TEXTILE PATTERNS
・TRADITIONAL STYLE・（全2巻）

18〜19世紀ヨーロッパで制作され、現代ファッションの基礎を築いた文様1800点（2巻合計）を、当時の『実物見本帳』のまま収録、復元した貴重な資料。
36.5×29.5　Vol.1 56p　Vol.2 64p　定価各3,900円（税込）

PAISLEY TEXTILE PATTERNS
・18th CENTURY EUROPE・

18世紀後半にフランスで制作されたペイズリー文様（インド、ペルシャ、ヨーロッパ更紗など）98点を、大胆なクローズアップ写真と斬新なレイアウトでとらえたデザイン集。
36.5×29.5　80p　定価3,900円（税込）

JAPANESE STYLE
・TEXTILE DYEING PATTERNS・（全4巻）
・TEXTILE DESIGN PATTERNS・（全2巻）

日本人の洗練された意匠や色彩は、着物や帯という一画面に集約され、独自の文化を形成した。本書では、花鳥に代表されるこれらの文様を全6巻（1200点）に集録した決定版。
29×29.2　124p　定価各3,900円（税込）